DEUSES E DEUSAS HINDUS

UMA INTRODUÇÃO ÀS DIVINDADES HINDUS

Viviktha Venkatanarasimharajuvaripeta
Ilustrado por Sanskriti Shukla

Agni

Agni, na mitologia hindu, é uma das divindades mais importantes, reverenciado como o deus do fogo, do conhecimento e da transformação. O seu nome, derivado da palavra sânscrita "agni", significa fogo.

Acredita-se que Agni tem o poder de transformar e purificar, e é o centro dos rituais e das oferendas. É também visto como um mediador entre os humanos e os deuses, levando as orações e os sacrifícios aos céus. As capacidades destrutivas de Agni também são reconhecidas, uma vez que o fogo tem o potencial de causar grandes danos.

Em geral, Agni é venerado como um símbolo de energia, vitalidade e transformação.

Brahma

Brahma é uma divindade proeminente no Hinduísmo, frequentemente referida como o criador do universo.

É um dos Trimurti, juntamente com Vishnu e Shiva, representando os aspectos da criação, preservação e destruição, respetivamente.

Brahma é representado com quatro cabeças, simbolizando o seu vasto conhecimento e sabedoria, e quatro braços, representando os quatro Vedas.

Apesar do seu estatuto de divindade principal, o culto de Brahma é menos comum no hinduísmo moderno do que o de Vishnu e Shiva.

Durga

Durga é uma deusa poderosa conhecida pela sua força, coragem e natureza feroz. É representada como uma deusa guerreira, muitas vezes montada num leão e empunhando armas nos seus múltiplos braços.

Acredita-se que Durga tenha sido criada pelos deuses para derrotar o demónio búfalo Mahishasura, simbolizando o triunfo do bem sobre o mal. Ela personifica a energia feminina e é venerada como a mãe divina, proporcionando proteção e orientação aos seus devotos.

Durga é celebrada durante o festival de Navaratri, onde as suas várias formas e atributos são honrados. Ela representa a determinação inabalável de enfrentar desafios e ultrapassar obstáculos, o que significa poder e transformação.

Ganesha

Ganesha é uma divindade amplamente adorada, conhecida como o removedor de obstáculos e o deus dos começos. É representado como uma figura com a cabeça de um elefante e um corpo arredondado e barrigudo.

Ganesha é frequentemente representado com vários braços, segurando vários objectos simbólicos, como uma flor de lótus, um machado ou um modak (um doce). Também é representado montado num rato, o seu veículo divino.

Ganesha é venerado pela sua sabedoria, intelecto e capacidade de ultrapassar desafios. É venerado antes de se iniciar um novo empreendimento ou de procurar o sucesso em vários aspectos da vida.

Ganesha é altamente considerado no Hinduísmo e é celebrado durante o festival de Ganesh Chaturthi, onde os seus ídolos são elaboradamente decorados e adorados pelos devotos.

Hanuman

Hanuman é uma divindade adorada, conhecida pela sua devoção inabalável e força sem paralelo. É representado com a cara de um macaco e um corpo musculado, muitas vezes com uma tonalidade avermelhada.

Hanuman é venerado como o epítome da lealdade, coragem e altruísmo. Desempenhou um papel crucial no épico Ramayana, onde ajudou o Senhor Rama na sua missão de salvar a sua mulher, Sita, do rei demónio Ravana.

Hanuman possui poderes extraordinários e é considerado a divindade padroeira dos lutadores, atletas e daqueles que procuram força e proteção contra os obstáculos. É venerado com grande reverência e devoção, em especial às terças-feiras, e o seu cântico popular "Jai Hanuman" é recitado pelos seus devotos como forma de pedir as suas bênçãos e orientação.

Krishna

Krishna é uma divindade importante, venerada pela sua beleza divina, pelo seu encanto e pelo seu papel de oitavo avatar do Senhor Vishnu. É representado como uma figura de pele azulada, com um rosto sorridente e adornado com penas de pavão no cabelo.

Krishna é geralmente representado a tocar uma flauta, simbolizando o seu amor pela música e a sua capacidade de encantar os outros. É conhecido pelas suas travessuras de infância e pelos seus ensinamentos no épico Mahabharata, onde transmite uma profunda sabedoria e conhecimentos ao seu discípulo, Arjuna, sob a forma do Bhagavad Gita.

Krishna é venerado como o Ser Supremo, o portador do amor, da alegria e da felicidade, e é amplamente venerado pela sua divina diversão, compaixão e orientação para uma vida correcta. Os seus devotos celebram festivais como Janmashtami e Holi com grande entusiasmo e devoção.

Kurma

Kurma, na mitologia hindu, é venerado como o segundo avatar do Senhor Vishnu, o Preservador na trindade hindu. O nome "Kurma" traduz-se por "tartaruga" em sânscrito, simbolizando a forma que Vishnu assumiu durante um evento cósmico conhecido como a agitação do oceano.

A sua força e estabilidade inabaláveis exemplificam o apoio divino necessário para que o processo cósmico se desenrole sem problemas. A presença de Kurma também simboliza a paciência, a resiliência e a vontade de servir o bem maior.

Kurma é frequentemente representado como uma tartaruga com a parte superior do corpo do Senhor Vishnu a emergir da sua carapaça. Esta forma representa a integração perfeita do divino no mundo natural, enfatizando a interconexão de todos os seres vivos.

Através da lenda de Kurma, os hindus encontram lições espirituais sobre perseverança, sacrifício e a importância de manter o equilíbrio cósmico. Os devotos invocam as bênçãos de Kurma para a estabilidade, a paciência e a capacidade de enfrentar os desafios com graça e coragem.

Lakshmi

Lakshmi, a deusa hindu da riqueza, prosperidade e fortuna, é uma das divindades mais veneradas e adoradas na mitologia indiana. Considerada a consorte do Senhor Vishnu, Lakshmi é retratada como uma deusa bela e auspiciosa com quatro braços, muitas vezes segurando flores de lótus e outros símbolos de abundância.

Está associada à ideia de riqueza material e espiritual, bem como à fertilidade e à boa sorte. Os devotos procuram as suas bênçãos para obterem prosperidade financeira, sucesso e bem-estar geral nas suas vidas.

Lakshmi é celebrada durante o festival de Diwali, onde se acredita que a sua presença traz alegria e prosperidade às casas e às empresas. Como divindade que representa a abundância, Lakshmi encarna os ideais de prosperidade, generosidade e crescimento espiritual.

Kali

Kali é uma deusa temível e poderosa da mitologia hindu. É frequentemente retratada como uma figura de pele escura, com cabelo selvagem, a língua saliente e uma grinalda de cabeças humanas.

Kali é a personificação da liberdade, da destruição e do tempo. É a destruidora das forças do mal e está frequentemente associada à morte e à transformação. Apesar da sua aparência aterradora, Kali também representa o amor maternal e a proteção, especialmente para com os seus devotos. É adorada pela sua capacidade de conceder a libertação, a sabedoria e o despertar espiritual.

Kali é frequentemente invocada em tempos de crise ou quando se procura ultrapassar obstáculos, pois acredita-se que a sua energia é feroz e transformadora. É uma divindade complexa e multifacetada, personificando tanto os aspectos destrutivos como nutritivos do divino feminino.

Narasimha

Narasimha é uma divindade proeminente na mitologia hindu que é uma combinação de formas humanas e animais. Na sua forma, tem a cabeça de um leão e o corpo de um humano.

Narasimha é considerado a quarta encarnação do Senhor Vishnu e simboliza a proteção e a justiça divinas. É frequentemente venerado pela sua coragem e pela sua capacidade de destruir as forças do mal.

Narasimha é conhecido pela sua ferocidade, uma vez que derrotou o rei demónio Hiranyakashipu, que estava a causar o caos e a atormentar o mundo. Os devotos procuram as suas bênçãos para ultrapassar obstáculos e medos e para obter proteção divina e libertação.

Narasimha é venerado durante o festival de Narasimha Jayanti, onde os seus devotos oferecem orações e realizam rituais para honrar a sua presença divina.

Nataraja

Nataraja é uma divindade importante na mitologia hindu, representando o Senhor Shiva na sua forma de dança cósmica. O nome de Nataraja significa "Rei da Dança" e é representado com vários braços e pernas, rodeado por um anel de fogo. Equilibrando-se numa perna, executa a Tandava, uma dança vigorosa e dinâmica que simboliza o ciclo contínuo de criação, preservação e destruição do universo.

Acredita-se que a dança de Nataraja mantém a ordem cósmica e o ritmo da vida. A sua mão superior direita segura um tambor, simbolizando o som da criação, enquanto a mão superior esquerda segura uma chama, representando a destruição.

Nataraja é também representado com um pé levantado, esmagando triunfantemente a ignorância e a ilusão. A sua imagem serve como um poderoso lembrete da interação harmoniosa entre destruição e criação, bem como da natureza eterna da existência.

Os devotos adoram frequentemente Nataraja para procurar inspiração, iluminação espiritual e transformação através do simbolismo da sua dança divina.

Rama

Rama é uma divindade venerada, reconhecida como o sétimo avatar do Senhor Vishnu. É retratado como um rei ideal, um marido dedicado e um filho obediente.

Rama é conhecido pelos seus valores morais inabaláveis, pela sua retidão e pelo seu empenho em defender o dharma (retidão). É frequentemente retratado com um arco e uma flecha, simbolizando a sua habilidade como guerreiro.

A viagem épica de Rama, tal como descrita na escritura hindu Ramayana, é uma história de triunfo sobre a adversidade e da vitória final do bem sobre o mal. O seu exílio, o salvamento da sua esposa e a sua morte são a sua principal motivação. O seu exílio, o resgate da sua mulher Sita do rei demónio Ravana e o regresso a Ayodhya como legítimo governante são capítulos importantes da sua vida.

Rama continua a ser a personificação da coragem, honra e virtude, e os devotos veneram-no como uma encarnação da consciência divina e uma fonte de inspiração para levar uma vida correcta.

Saraswati

Saraswati é uma deusa venerada na mitologia hindu, conhecida como a personificação do conhecimento, da sabedoria, da criatividade e das artes. É frequentemente retratada como uma divindade bela e serena, vestida de branco, simbolizando a pureza e a iluminação.

Saraswati é mostrada a tocar a veena, um instrumento musical de cordas, significando a mistura harmoniosa das artes e do intelecto. Também é vista a segurar um livro, representando os Vedas, as antigas escrituras do conhecimento.

Saraswati é adorada por estudantes, académicos e artistas que procuram as suas bênçãos para obter sabedoria e inspiração. Como deusa da aprendizagem, acredita-se que ela guia e ilumina aqueles que se dedicam à busca do conhecimento, da educação e das artes.

A presença de Saraswati é vista como uma força integral nos domínios da criatividade e do crescimento intelectual, e as suas bênçãos são procuradas durante eventos académicos e culturais importantes.

Shakti

Shakti é uma força poderosa e divina, muitas vezes personificada como a energia ou o aspeto feminino do Ser Supremo, Brahman. Também conhecida como Devi ou a Grande Deusa, Shakti é a essência criativa e nutritiva que permeia o universo.

Ela é representada em várias formas e manifestações, como Durga, Kali, Lakshmi e Saraswati, cada uma representando diferentes aspectos do seu poder.

Shakti é simultaneamente gentil e feroz, personificando as qualidades de compaixão, força e proteção. Ela é adorada por devotos que buscam capacitação, transformação e libertação.

Shakti é venerada como a fonte de toda a energia, a força motriz por detrás da criação e o catalisador para o despertar espiritual. A sua presença e as suas bênçãos são invocadas em rituais, cerimónias e orações que visam aproveitar o seu poder transformador e alinhar-se com a energia universal.

Shiva

Shiva é uma das divindades mais poderosas e significativas da mitologia hindu. Muitas vezes referido como o Destruidor ou o Transformador, Shiva faz parte da trindade sagrada dos deuses hindus, juntamente com Brahma e Vishnu. É venerado como o Ser Supremo, representando as qualidades masculinas e femininas da criação e da destruição.

Shiva é representado como um iogue, geralmente em meditação profunda ou na sua forma feroz conhecida como Nataraja, o Senhor da Dança. Está adornado com uma lua crescente na cabeça, simbolizando o ciclo do tempo, e usa uma serpente à volta do pescoço, representando o seu controlo sobre o ego e o desejo.

Shiva está associado ao Monte Kailash, onde se acredita que reside com a sua consorte, a deusa Parvati. Os devotos de Shiva procuram as suas bênçãos para o despertar espiritual, a libertação e a proteção. É conhecido pela sua profunda sabedoria, pelo desapego aos apegos mundanos e pelo seu papel como guia dos que procuram o caminho para a iluminação espiritual.

www.ingramcontent.com/pod-product-compliance
Lightning Source LLC
Chambersburg PA
CBHW041544040426
42446CB00003B/226